GOSPODARSTWO
i życie na wsi

Tytuł oryginału: La Granja y la vida en el Campo
Tłumaczenie: Marta Borysewicz
Ilustracje: Francisco Arredondo / zespół Susaety
Tekst: Francisco Arredondo / zespół Susaety
Redakcja: Elżbieta Adamska

© SUSAETA EDICIONES, S.A.
© 2018 for the Polish edition by Firma Księgarska Olesiejuk spółka z ograniczoną odpowiedzialnością
Wydawnictwo Olesiejuk, an imprint of Firma Księgarska Olesiejuk spółka z ograniczoną odpowiedzialnością

ISBN 978-83-274-0478-7

Firma Księgarska Olesiejuk spółka z ograniczoną odpowiedzialnością
05-850 Ożarów Mazowiecki
ul. Poznańska 91
wydawnictwo@olesiejuk.pl
www.wydawnictwo-olesiejuk.pl

Dystrybucja: www.olesiejuk.pl

Druk: DRUK-INTRO S.A.

Ta książka została wydana również w innej okładce.

Wszystkie prawa zastrzeżone. Żadne fragmenty tej publikacji nie mogą być reprodukowane, kopiowane, rozprowadzane ani udostępniane elektronicznie, mechanicznie, jako fotokopie, nagrania ani w żadnej innej formie bez wcześniejszej pisemnej zgody właściciela praw autorskich.

GOSPODARSTWO
i życie na wsi

Gospodarstwo. Co tutaj można zobaczyć? Oborę, stajnię, zagrodę, kurnik, chlew, ogrodzenia, dom rolnika i jego rodziny. Jest tu też mały staw, z którego zwierzęta piją wodę i w którym się kąpią.

Obejście to teren, po którym mogą swobodnie poruszać się wszystkie hodowane w gospodarstwie zwierzęta. Kaczki świetnie się bawią w stawiku, ale pies stróż na wszelki wypadek nie spuszcza z nich oka.

Kurnik. Dziś kury są bardzo szczęśliwe, wykluły się im kurczątka. Ich mamy będą miały mnóstwo pracy, bo te maluchy to straszne rozrabiaki!

Fermy kurze. Dziś mało jest miejsc, w których drób żywi się i rozmnaża w naturalny sposób, ponieważ jest to nieopłacalne. Dlatego kury, kaczki oraz indyki hoduje się na wielkich fermach.

Kury i kurczęta dziobią ziarno przez cały dzień, dzięki temu szybciej przybierają na wadze.

Złodziej kur. Lis to bardzo sprytny i szybki łowca. Gdy tylko rolnika nie ma w pobliżu... łaps! – kradnie mu kurę i niesie do lasu, aby nakarmić nią swoje młode.

Staw. Gęsi nie mają nic przeciwko temu, aby dzikie ptaki, które co roku przylatują nad staw, wychowywały tu swoje pisklęta. Już do tego przywykły!
Wiesz, że kaczory mają bardziej kolorowe upierzenie niż kaczki?

Już tu są! Nadeszła wiosna i bociany, jak co roku, wracają do gniazd, które opuściły jesienią.

Pierze. Gęsi słyną z tego, że są dość hałaśliwe i raczej nieufne w stosunku do nieznajomych. Ich leciutkim pierzem wypełnia się poduszki i pierzyny.

Gęsi. Po wykluciu się z jaj małe gąski biorą wszystkie zwierzęta w okolicy za swoich rodziców. Te dwie gąski myślą, że pies jest ich tatą!

Indyki. Indyk jest jednym z największych ptaków w zagrodzie. Żywi się ziarnem i warzywami. To bardzo silny ptak, odpędza od jedzenia kury i kaczki, a czasem zadziera nawet z kogutem.

Wesołych świąt! W wielu krajach podczas świąt przyrządza się pysznego indyka. Gospodyni wybiera najgrubszego i najzdrowszego ptaka.

Króliki hodowlane

Króliki hoduje się na fermach jako bardzo miłe zwierzęta domowe, ale także dla ich mięsa i futra.

Dzikie króliki mieszkają w norach na łąkach. Wychodzą skubać trawę o zmierzchu. Króliki hodowlane żyją w królikarniach, w których są karmione przez człowieka.

Dziki królik jest bardzo podobny do królika hodowlanego, ale żyje na wolności. Uwaga, kończy się okres ochronny!

– Trzeba być czujnym, myśliwi są już blisko. Uciekajcie! – woła mama królica do małych króliczków.

Chlew. Świnia jest wielkim żarłokiem. Je prawie wszystko: owoce, warzywa, kiszonkę, zboża, pasze, a nawet gotowane mięso.

Prosięta. Maciora dwa razy w roku potrafi urodzić nawet dwanaścioro prosiąt. Każde z nich zawsze ssie ze „swojego" sutka mamy. Członkowie rodziny maciory znani są pod wieloma określeniami: knur, warchlak, prosię, tucznik...

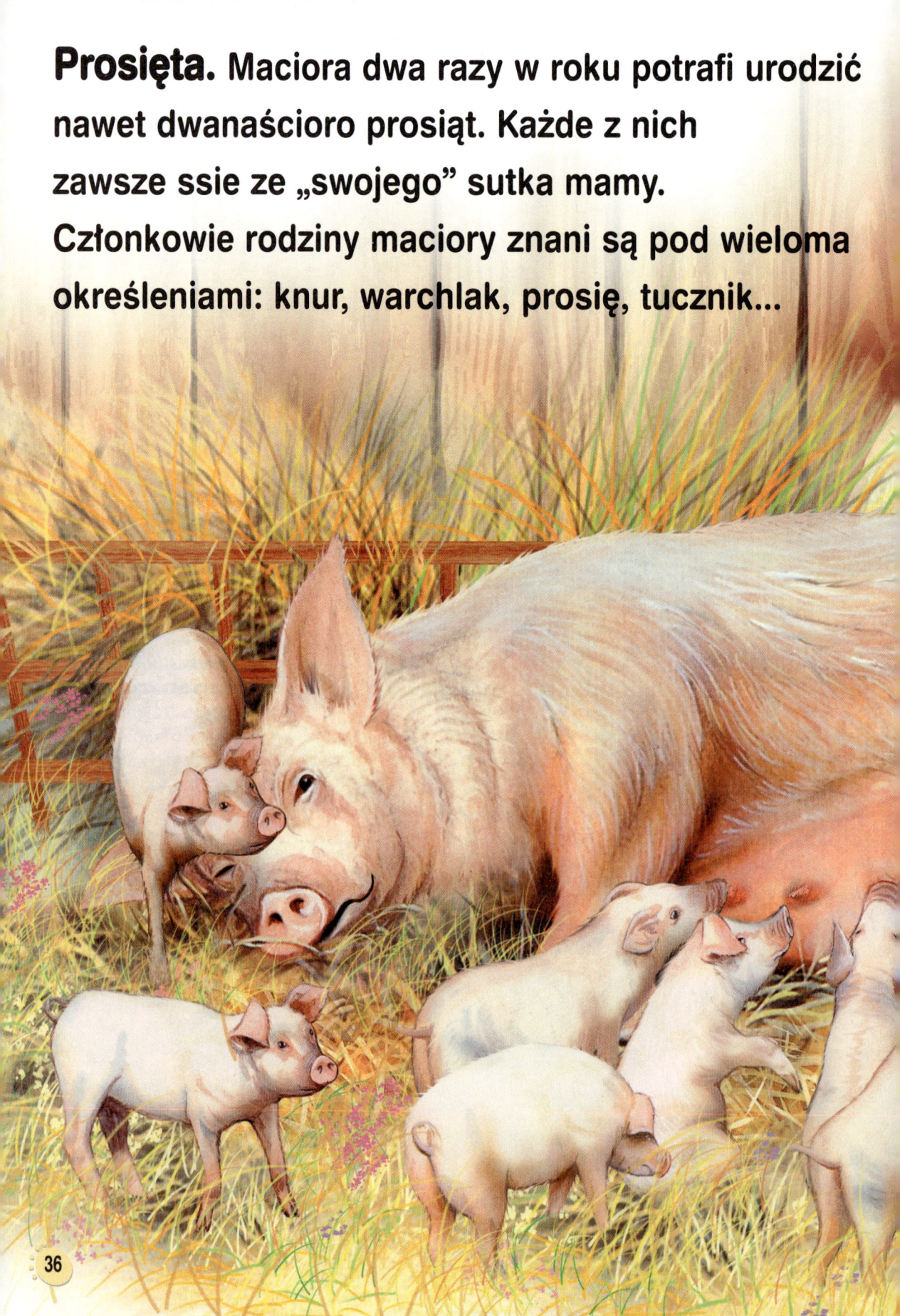

Z mięsa świni robi się pyszne wędliny, ze skóry – obuwie i portfele, ze szczeciny – pędzle i szczotki.

Świnia jest ekspertem w znajdowaniu trufli.

Gatunki świń. Rozróżniamy wiele gatunków świń. W zależności od regionu, z którego pochodzi zwierzę, różnią się one smakiem mięsa i kolorem skóry.

Przepędzanie owiec. Wraz z nadejściem jesieni i pierwszymi opadami śniegu pasterze schodzą ze swoimi stadami w doliny.

41

Strzyżenie owiec. Po wielu tygodniach spędzonych w górach pasterz wraca ze swoimi owcami do zagrody. Kiedy nadchodzi lato, musi pomyśleć o strzyżeniu, aby przed zimą sprzedać wełnę.

43

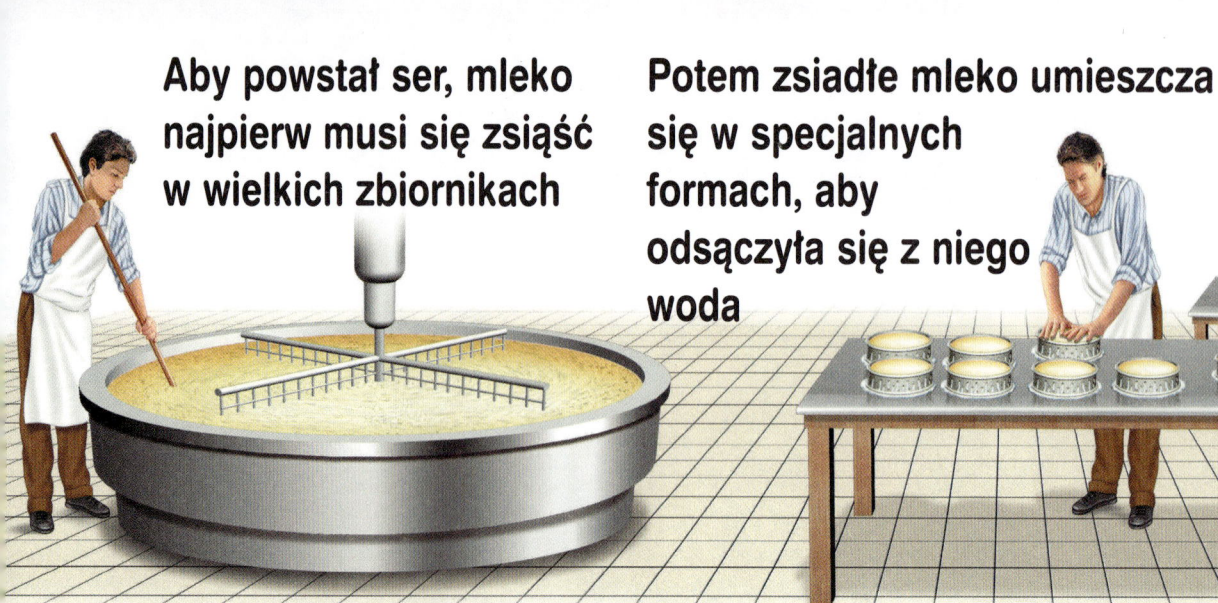

Aby powstał ser, mleko najpierw musi się zsiąść w wielkich zbiornikach

Potem zsiadłe mleko umieszcza się w specjalnych formach, aby odsączyła się z niego woda

Następnie ser przenosi się do odpowiednio przygotowanych piwnic, w których będzie dojrzewał

Po leżakowaniu i opakowaniu ser jest gotowy do sprzedaży

Korzyści z hodowli owiec...

Owce, prócz wełny i mleka, dostarczają nam smacznego mięsa, a z ich skór można zrobić buty, torebki i inne rzeczy.

Spacer po gospodarstwie. Ta trójka dzieci uwielbia przychodzić do zagrody i karmić osiołka.

47

Poważna przeszkoda. Ulewny deszcz uniemożliwił pasterzowi przeprawienie stada kóz przez potok. „Dziś nie możemy zejść do wsi, aby sprzedać ser i mleko", pomyślał zasmucony. „Musimy zaczekać do jutra".

49

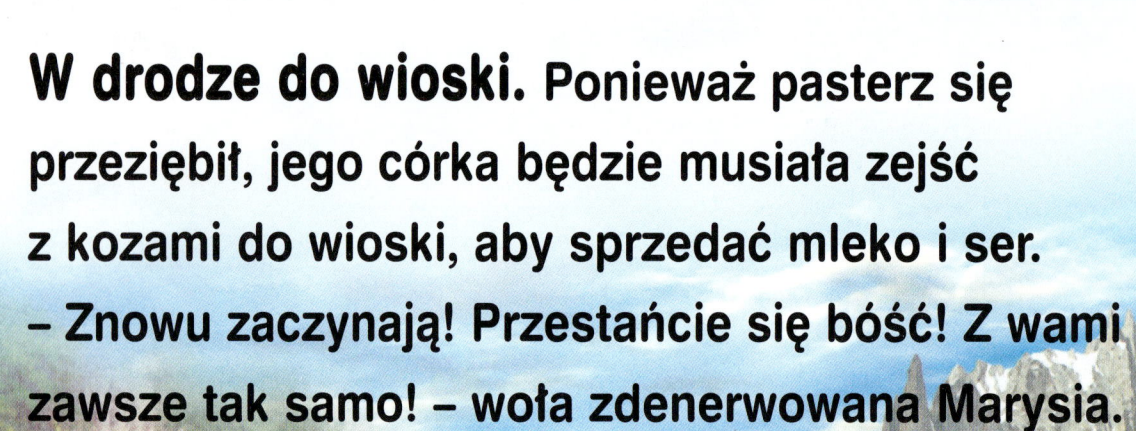

W drodze do wioski. Ponieważ pasterz się przeziębił, jego córka będzie musiała zejść z kozami do wioski, aby sprzedać mleko i ser.
– Znowu zaczynają! Przestańcie się bóść! Z wami zawsze tak samo! – woła zdenerwowana Marysia.

51

Korzyści płynące z hodowli kóz...

Z mleka kóz wyrabia się pyszne sery.
Wykorzystuje się także ich skóry.

– Doi się je bardzo łatwo, trzeba tylko robić to delikatnie – mówi dziadek do wnuczka.

W górach. Jeżeli pogoda sprzyja, stada krów mogą się paść w górach, gdzie trawa jest świeża i czysta. Dzięki temu krowy dają wyśmienite mleko. Wiesz, że w wysokich górach do zwożenia baniek z mlekiem wykorzystuje się wyciągi narciarskie?

55

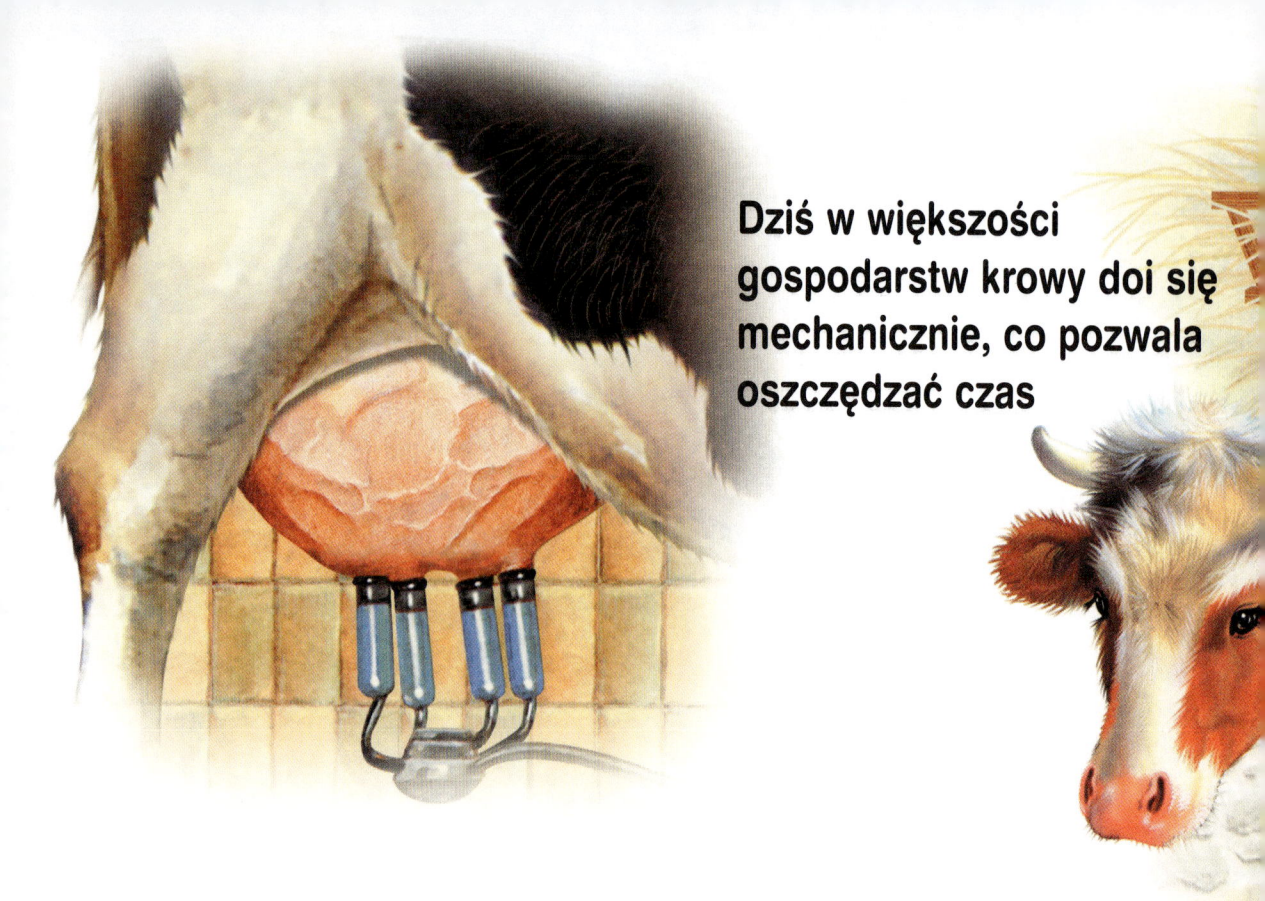

Dziś w większości gospodarstw krowy doi się mechanicznie, co pozwala oszczędzać czas

Dojenie ręczne stosuje się jeszcze w małych wioskach, a tak otrzymane mleko rolnicy wykorzystują na własne potrzeby

Dojenie. Aby krowa mogła dawać mleko, najpierw musi urodzić cielaczka. Po pewnym czasie oddziela się go od mamy i karmi butelką – w ten sposób krowa przyzwyczaja się do ciągłego „produkowania" mleka.

Odbiór mleka. Cysterna zawozi mleko do mleczarni, skąd, po całej serii procesów technologicznych i rozlaniu do kartonów, zawozi się je do sklepów.

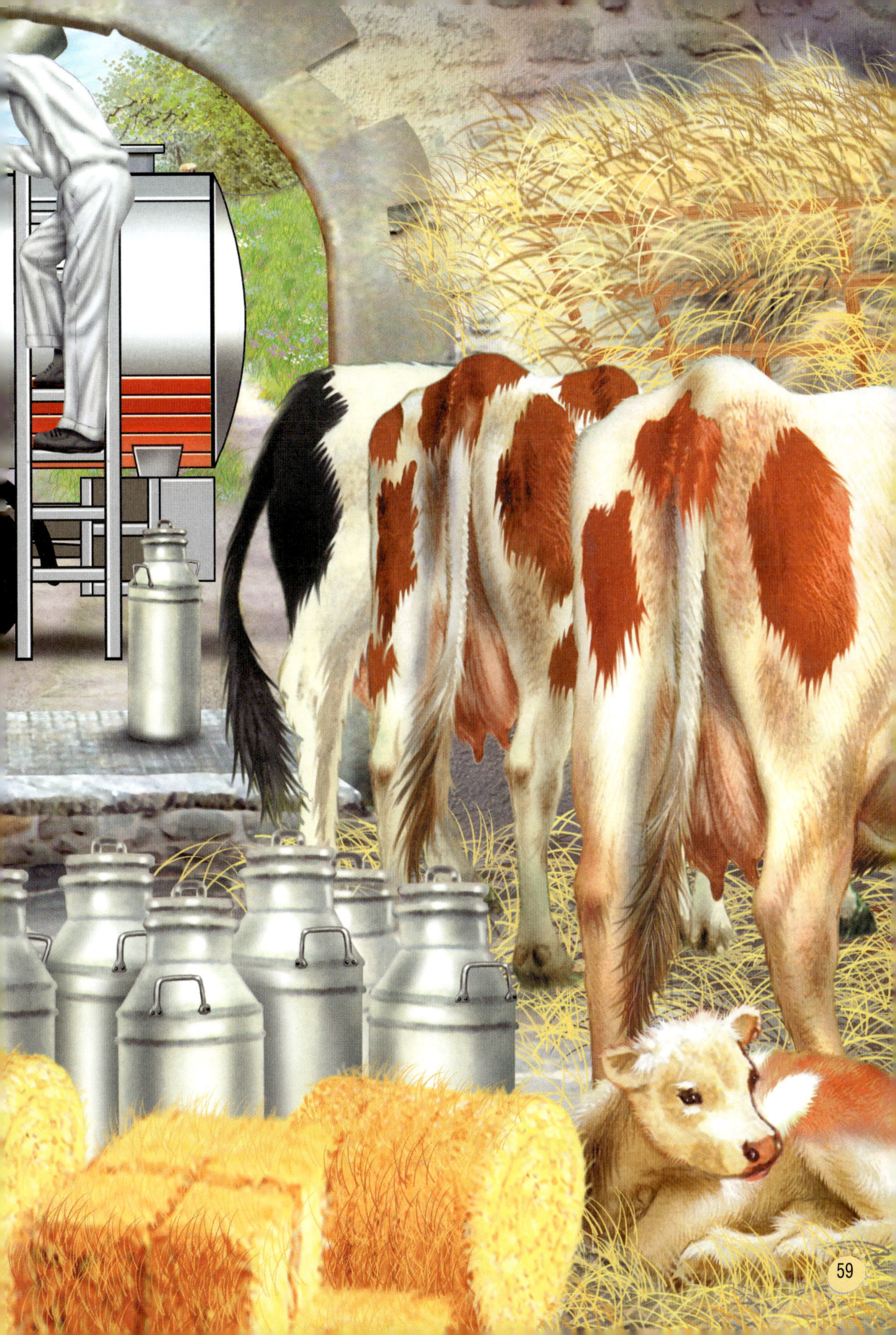

Korzyści z hodowli krów...

Istnieje wiele gatunków krów, każdy z nich daje mleko lub mięso innej jakości. Z mleka otrzymuje się sery, masło, jogurty. Ze skóry robi się buty, torby, paski i wiele innych rzeczy.

61

Droga zablokowana! Trzeba bardzo uważać na znaki drogowe, ostrzegające przed zwierzętami, które mogą wejść na drogę. Takie znaki często pojawiają się w okolicach gospodarstw.

63

Targ. Rolnicy zwożą swoje produkty na targ do pobliskiego miasteczka.

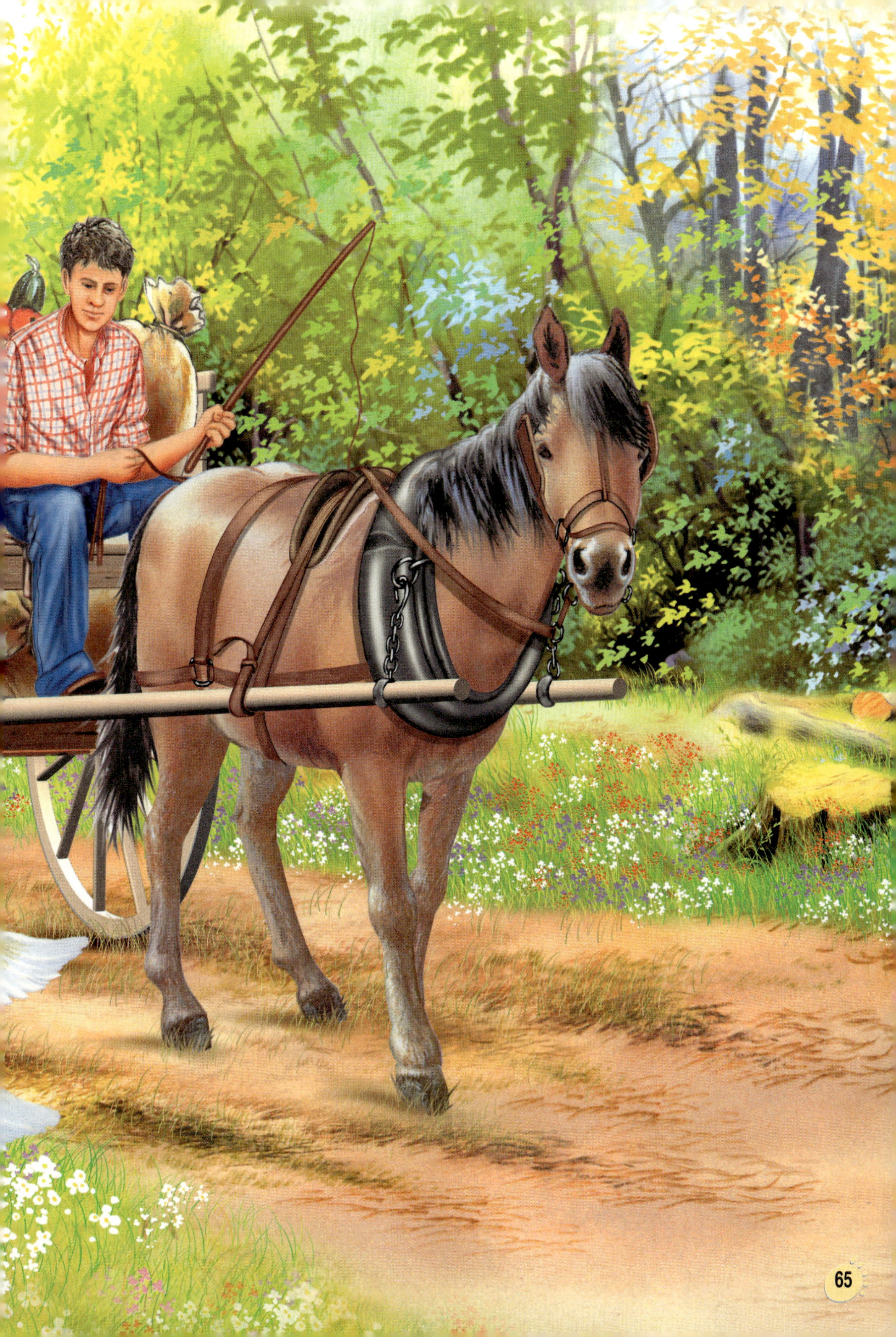

Dzień na targu. Na rynku zbierają się rolnicy i hodowcy z okolicznych wsi, aby sprzedać swoje produkty.

– Zostawcie w spokoju moją kanapkę! – krzyczy dziewczynka.

Stróż w gospodarstwie. Jak wspaniale, że wszystkie zwierzęta przyjaźnią się z psem gospodarza!

69

Powiększa się rodzina!

Laki urodziła sześć szczeniąt, którymi dzieci gospodarza obiecały się zaopiekować. Spójrzcie, jakie te szczeniaki są sprytne i figlarne!

71

Koty są bardzo potrzebne w gospodarstwie. Tam, gdzie ich nie ma, myszy mogą zjeść plony.

Koty w gospodarstwie. Czy naszemu myśliwemu uda się ten skok, czy też gospodarz będzie musiał ściągać kociaka z drzewa?

Zwierzęta także muszą zmagać się z nieprzyjazną aurą

Gdy gospodarza nie ma na polu, ptaki wyjadają ziarna zbóż

Ptaki. W związku z powiększaniem się terenów zabudowanych i mechanizacją produkcji rolnej ptaki muszą wyżywić się tym, co znajdą na polu rolnika.

Kaczki. Te dzieci przyszły ze swoimi psami nad staw, aby obserwować kaczki.
– Spokój! Jeszcze je spłoszycie – strofuje chłopiec.

77

Zwierzę do wszystkiego. W wielu krajach osioł nadal pracuje w gospodarstwie – ciągnie pług, wóz, chodzi w kieracie, a jeżeli jest w dobrym nastroju, to można nawet na nim pojeździć.

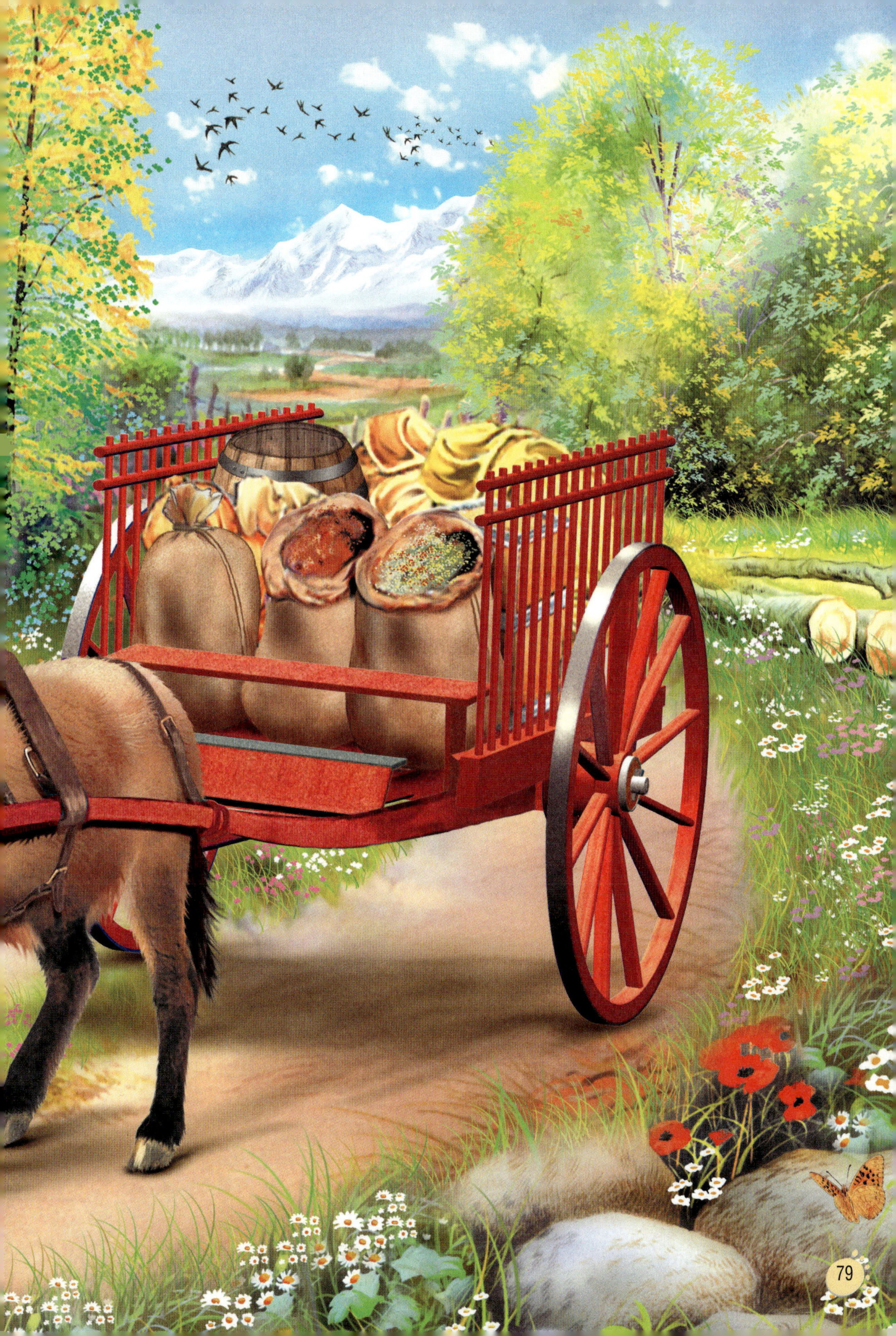

Osioł zawsze był pomocny w gospodarstwie. Używali go też handlarze i rzemieślnicy do przewożenia towarów.

Zwierzę uparte „jak osioł". Koszt utrzymania osła jest dużo niższy niż koszt utrzymania konia. Osioł jest zwierzęciem posłusznym, ale z reguły bardzo upartym!

Ten osiołek dźwiga ciężkie dzbany z wodą

Najlepszy nawadniacz. Osioł, poza wszystkimi pracami wykonywanymi w polu, potrafi cierpliwie chodzić w kieracie. To dzięki niemu w gospodarstwie nie brakuje wody.

Mityczne konie. Jednorożce, pegazy, centaury – to tylko niektóre z baśniowych stworzeń, które można odnaleźć w mitologiach różnych narodów.

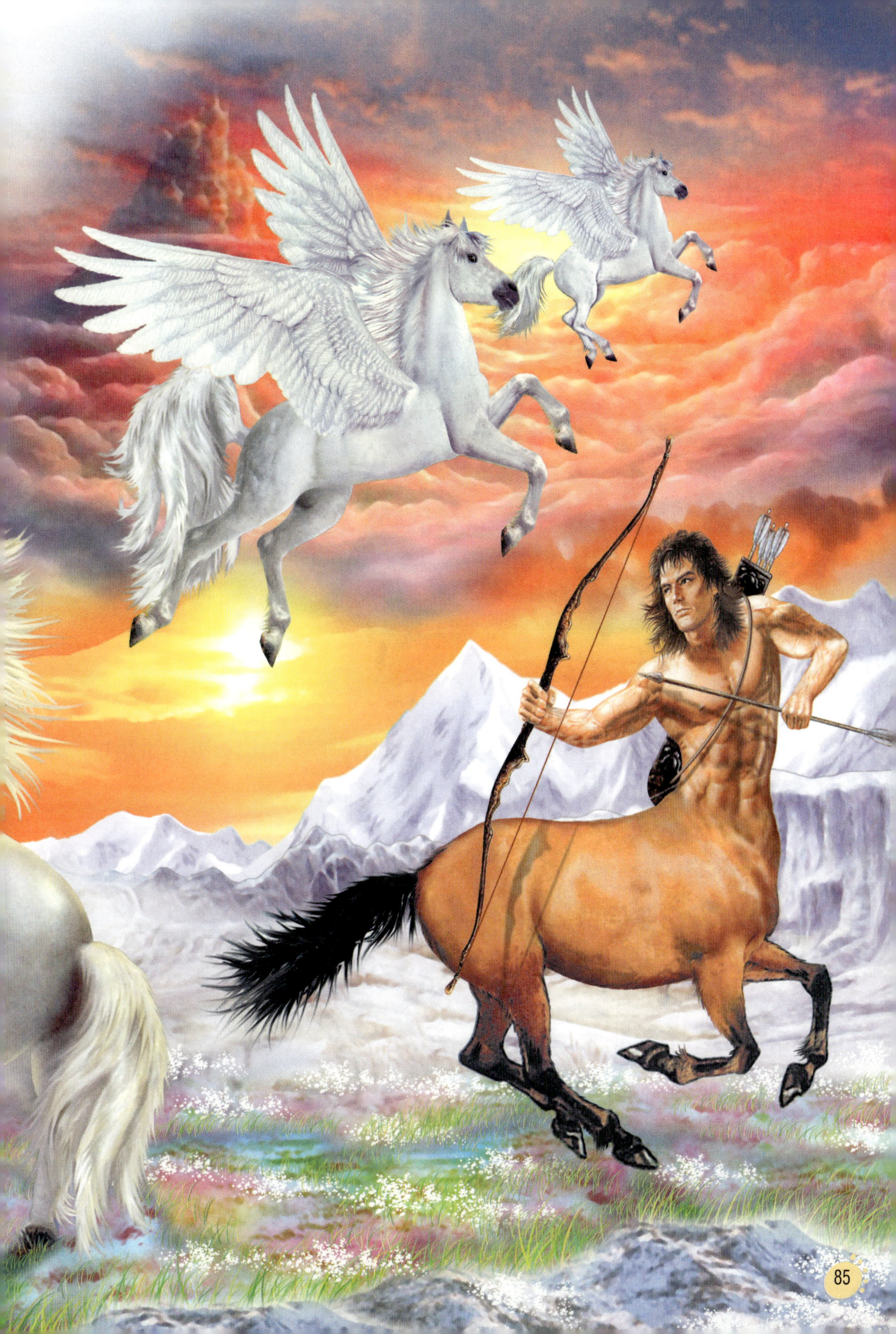

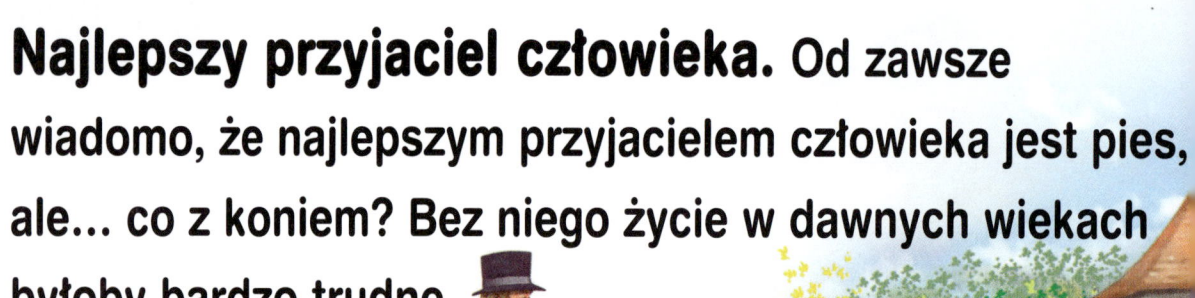

Najlepszy przyjaciel człowieka. Od zawsze wiadomo, że najlepszym przyjacielem człowieka jest pies, ale... co z koniem? Bez niego życie w dawnych wiekach byłoby bardzo trudne.

W krajach o ustroju monarchistycznym królowie nadal, przy specjalnych okazjach, używają karet

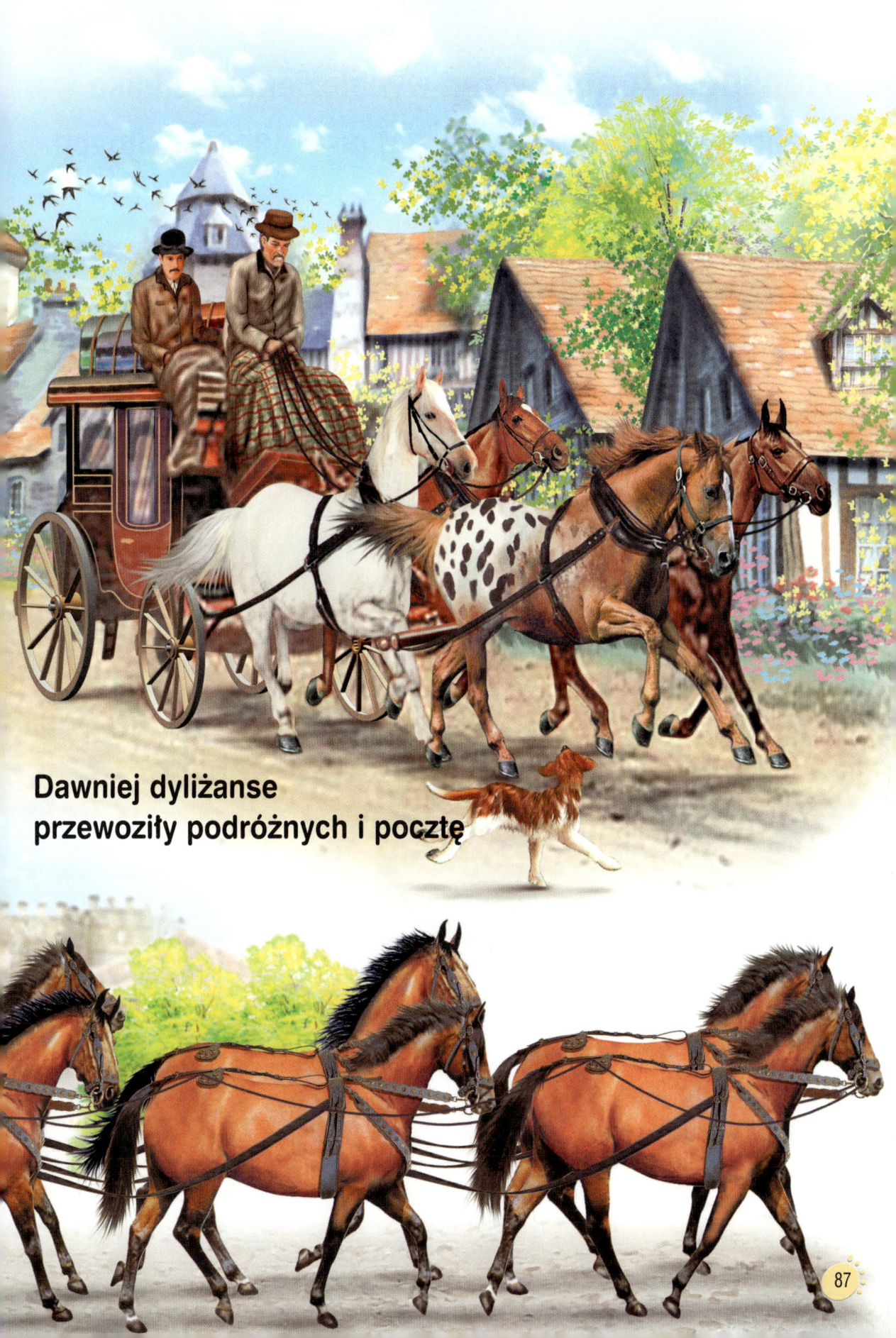

Dawniej dyliżanse przewoziły podróżnych i pocztę

Transport konny. Przed wynalezieniem silnika spalinowego człowiek używał jako napędu silnych i posłusznych koni.

Ciężkie beczki z piwem też transportowano wozami zaprzężonymi w konie

Do przełomu XIX i XX wieku, kiedy w tramwajach zastosowano jako napęd silnik elektryczny, pojazdy te były ciągnięte przez konie

Na początku XX wieku śmiecie zbierano do wozów ciągniętych przez konie

Sport i rekreacja. Konie to nie tylko zwierzęta pociągowe. Wykorzystuje się je również do rekreacji. Można odbywać na nich przejażdżki, rajdy, spacery w terenie lub uczestniczyć w konkurencjach sportowych.

Przejażdżka konna po lesie to prawdziwa przyjemność

Na wyścigach konnych przyjmowane są zakłady, podobne do zakładów piłkarskich

Konie muszą być świetnie wytrenowane, żeby pokonywały tak wysokie przeszkody

Takich dorożek używa się w niektórych miastach jako atrakcji turystycznej

W niektórych krajach Europy wciąż można się przejechać saniami zaprzężonymi w konie

Rasy koni. Konie z reguły przywiązują się do swoich właścicieli. Bardzo lubią też towarzystwo innych koni.

Koń pociągowy jest trochę wolniejszy, ale za to większy i silniejszy. Jego niezwykłą siłę wciąż wykorzystuje się do ciągnięcia ciężkich pni (zwłaszcza w górach).

Większość prac polowych zamiast koni wykonują dziś traktory.

Konie różnią się od siebie wielkością i umaszczeniem.

Witajcie w stajni! Właśnie w gospodarstwie przyszedł na świat mały źrebak.

Wkrótce po narodzinach źrebak wstaje, aby ssać mleko mamy klaczy

To niesamowite, ma zaledwie kilka dni, a już biega po łące razem ze swoimi rodzicami!

Mustangi. W Ameryce Północnej Indianie oraz osadnicy chwytali dzikie konie, zwane mustangami, które potem oswajali.

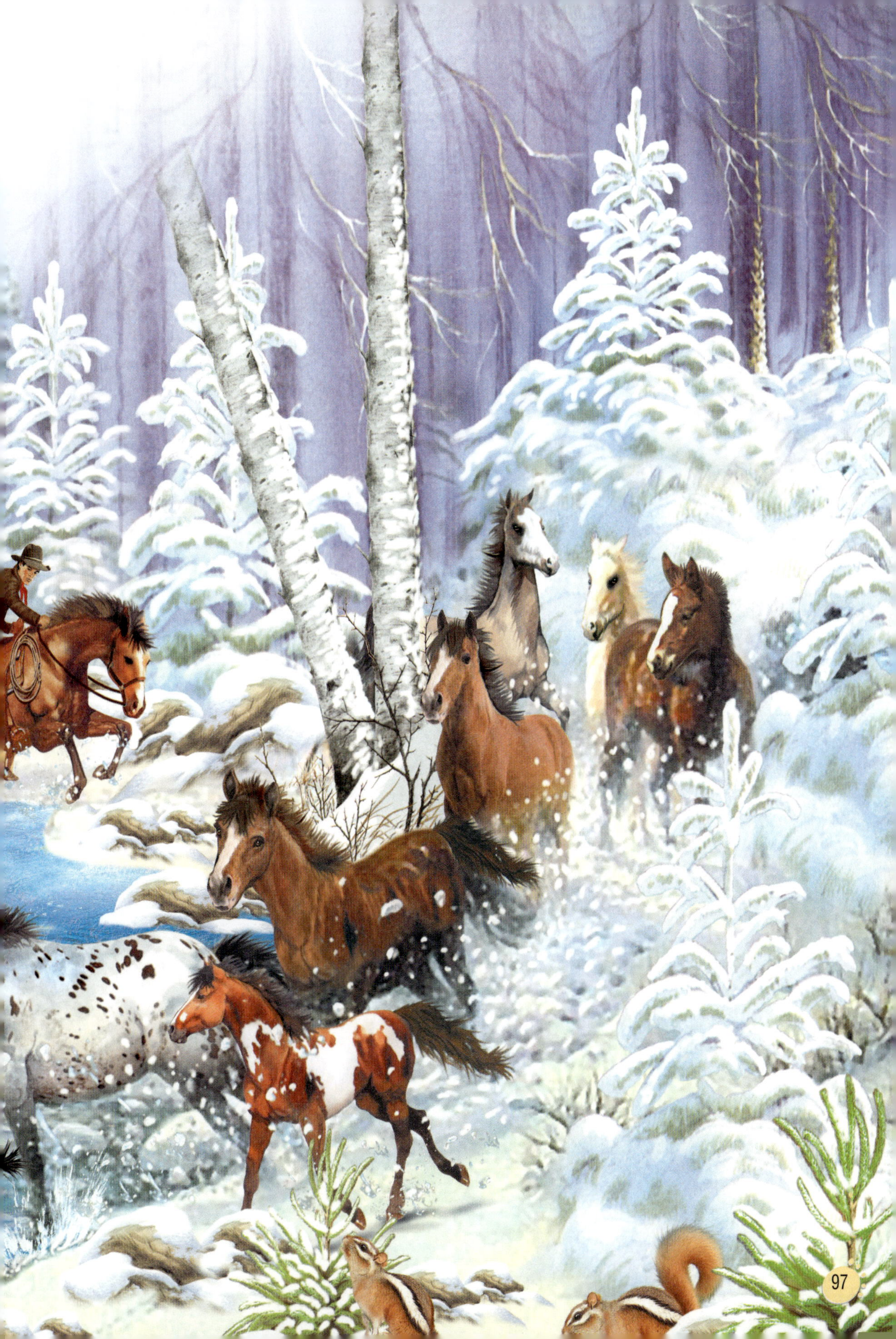

Stada bydła w Ameryce. Praca kowboja polegała na opiekowaniu się stadem krów na pastwiskach prerii.

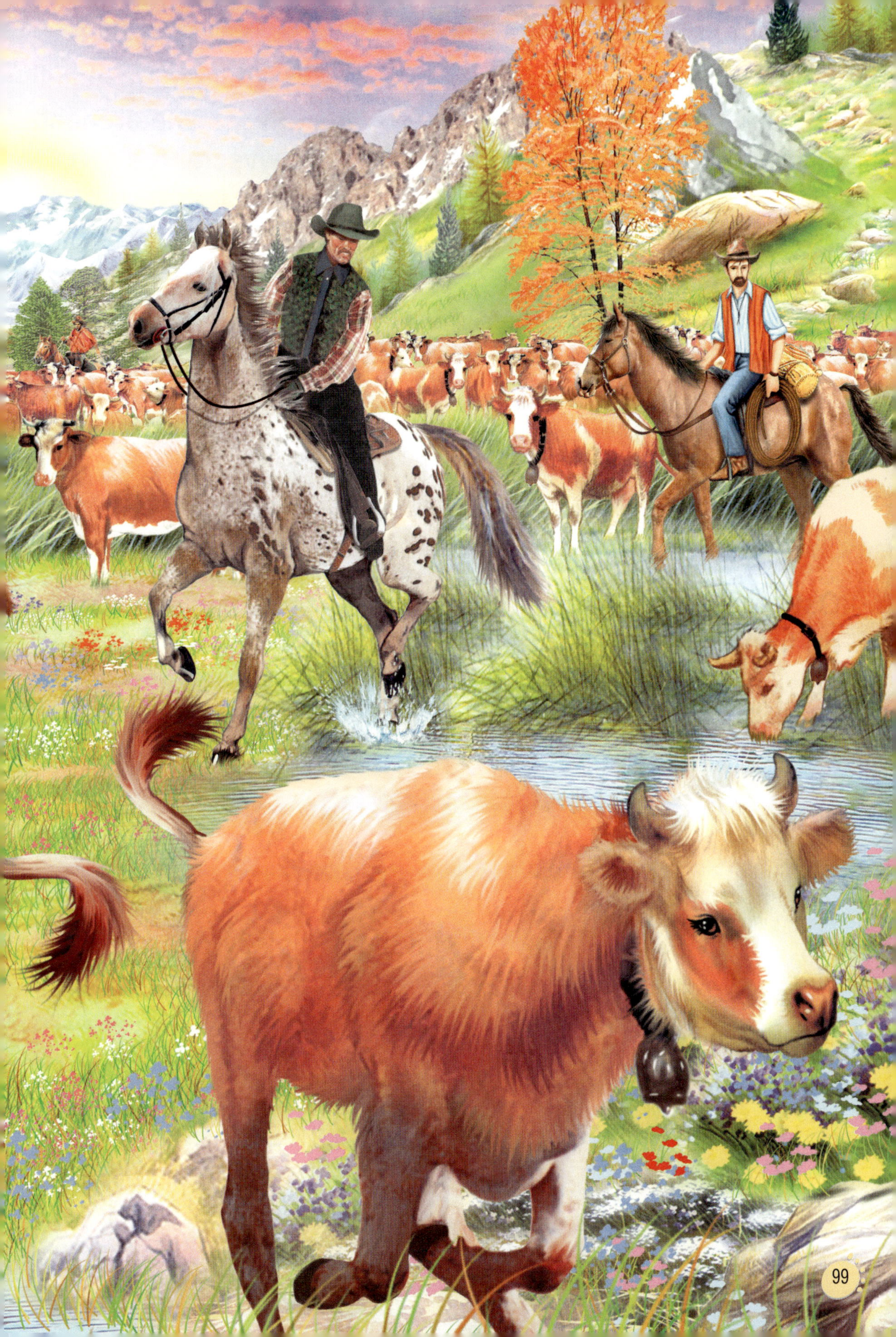

Rzymianie urządzali na arenach wyścigi rydwanów

Osły wykorzystywano do transportu niewielkich ładunków

Muł był silniejszy, więc dźwigał większe ciężary

Wozem, zaprzężonym w dwa konie, można było przewozić beczki, dzbany i worki z jarzynami oraz owocami

Zwierzęta pociągowe (1). Te dwa woły ciągną pług – jedno z najstarszych narzędzi rolniczych.

Karawany wozów osadników przemierzały ogromne odległości w dzikich i niegościnnych terenach Ameryki Północnej.

Woły są tak silne, że mogą ciągnąć bardzo ciężkie wozy i pługi.

Zwierzęta pociągowe (2). Wozy osadników amerykańskich jechały gęsiego, bardzo blisko siebie – w ten sposób ich pasażerowie czuli się bezpieczniej.

Widzisz? Ten rolnik to spryciarz, wykorzystał stare koła od traktora. Dzięki temu wozem tak nie trzęsie podczas jazdy po wybojach

Orka ręczna. Wyobrażacie sobie zaoranie tym prymitywnym pługiem wielohektarowego pola? Zdajecie sobie sprawę z tego, jak wyczerpująca musiała być taka praca?

105

Czy wiecie, że w Indiach istnieje szkoła, w której do pracy na roli szkoli się słonie?

Orka mechaniczna. Dziś całą pracę w polu wykonują traktory. Te pojazdy są podstawowym urządzeniem, które bardzo ułatwia pracę rolnikowi.

Siew. Rolników siejących ręcznie jest już coraz mniej, teraz tę pracę wykonuje maszyna zwana siewnikiem.

Pług pozostawia w ziemi wiele bruzd i grud. Brona rozbija bryły i ziemia jest już gotowa do siewu.

Siewnik zostawia w glebie ziarna na tej samej głębokości, aby rozwój roślin następował w tym samym tempie.

Młocka. W dawnych czasach rolnicy oddzielali ziarno od słomy za pomocą takich prymitywnych narzędzi. Dziś używają młocarni.

111

Kombajn. Ta maszyna spełnia wiele funkcji: kosi zboże, oddziela ziarna od plew i pakuje słomę w bele.

113

Akcesoria do traktora

To urządzenie wiąże słomę w bele

To potrząsa drzewem oliwnym, aby oliwki spadały na ziemię

Pług wieloskibowy może zaorać wielkie obszary ziemi

To urządzenie służy do ładowania ciężkich bel słomy na przyczepę

To jest przyczepa

Kombajn zbożowy

Kombajn zbierający winogrona

Maszyny rolnicze. W niektórych krajach afrykańskich bawełnę nadal zbiera się ręcznie.

Ta maszyna użyźnia glebę

W czasie suszy niektóre pola nawadnia się za pomocą spryskiwaczy

Cukier. Używa się go do celów spożywczych, a otrzymuje z buraków cukrowych lub trzciny cukrowej.

Cukier biały

Cukier brązowy

Cukier puder

Cukier w kostkach

Cukierki

Buraki zbiera się, ładuje na przyczepę i zawozi do cukrowni, gdzie powstaje z nich cukier

Mycie buraków

Maszyna do rozdrabniania

Sok wlewa się do wielkich kolumn, w których krystalizuje się cukier

Ziemniak. Został przywieziony do Europy z Ameryki Południowej pod koniec XVI wieku. Gdybyś urodził się 500 lat temu, nie miałbyś okazji zjeść placków ziemniaczanych...

Sadzonka ziemniaka

Zasadzona bulwa wypuszcza kiełki

Po kilku dniach pojawiają się łodygi

Pora na wykopki!

"CHIPS"

Strącanie oliwek

Wokół drzewa oliwnego rozkłada się płachtę, aby sprawniej zbierać spadające oliwki.

123

Słonecznik. Pestki, które rosną wewnątrz kwiatu, są bardzo smaczne. Słonecznik może urosnąć do wysokości dwóch metrów!

Z nasion wytłacza się olej słonecznikowy.

125

Kukurydza. W Ameryce Południowej używa się jej do pieczenia placków, które zastępują tam chleb.

Kukurydzę je się ugotowaną lub prażoną.

Kury bardzo lubią ziarna kukurydzy.

Kolby kukurydzy wzbogacają dietę krów i koni.

Jak powstaje chleb? Z mielonego zboża otrzymuje się mąkę, z której robi się płatki, makarony, ciasta – no i oczywiście chleb.

Zboże miele się, aby otrzymać mąkę.

Mąkę miesza się z proszkiem do pieczenia, solą i wodą, aby otrzymać ciasto.

Piekarz odważa porcje ciasta, aby następnie nadać mu właściwy kształt.

Ciasto piecze się w piecu, aż do momentu, gdy skórka stwardnieje i się zarumieni.

130

Winobranie. Sezonowi robotnicy zbierają winogrona, z których wytłacza się sok zwany moszczem.

Wytłaczanie winogron. Dawniej sok z winogron wytłaczano, rozgniatając owoce w wielkich kadziach. W niektórych wioskach zwyczaj ten zachował się jako element tradycji, ale takie sceny można zobaczyć tylko na początku winobrania.

133

Prasa do wyciskania winogron jest bardzo wydajna. Sok spływa z niej prosto do beczki, która znajduje się w piwnicy.

Inny sposób polega na wytłaczaniu winogron w wielkim młynku.

Od winogron do wina. Likiery i wina wysokiej jakości leżakują w dębowych beczkach.

Obecnie produkcja win została w poważnym stopniu uprzemysłowiona.

Ogródek przydomowy. Niektórzy ludzie mają przy domu małe ogródki, w których uprawiają warzywa i owoce na własne potrzeby. To bardzo ciekawe, prawda?

137

Kiełkowanie. Rolnik sadzi w doniczce nasiona w równej odległości od siebie. Po zakiełkowaniu przesadza sadzonki do większych donic lub do ogródka.

Mała szklarnia ochrania młode sadzonki przed zwierzętami.

Obok widzimy kolejne fazy kiełkowania grochu.

Eksperymenty z nasionami. W trakcie tego doświadczenia zobaczycie, że nasiona roślin rozwijają się w różnym tempie.

Jest bardzo wiele rodzajów nasion, niektóre na pewno macie w domu, a jeśli nie, to można je kupić w sklepie ogrodniczym.

2. Podlejcie obficie

3. Owińcie doniczkę czarną folią, aby nasiona były przykryte, a ziemia wystawiona na działanie promieni słonecznych

1. Wypełnijcie szklaną donicę ziemią, a następnie umieśćcie nasiona jak najbliżej ścianek

4. Po kilku dniach zobaczycie, w jakim tempie kiełkują różne nasiona

Deszczowe dni...

Przejażdżka na rowerze w deszczowy dzień nie jest wielką frajdą, ale dla zbiorów deszcz ma olbrzymie znaczenie.

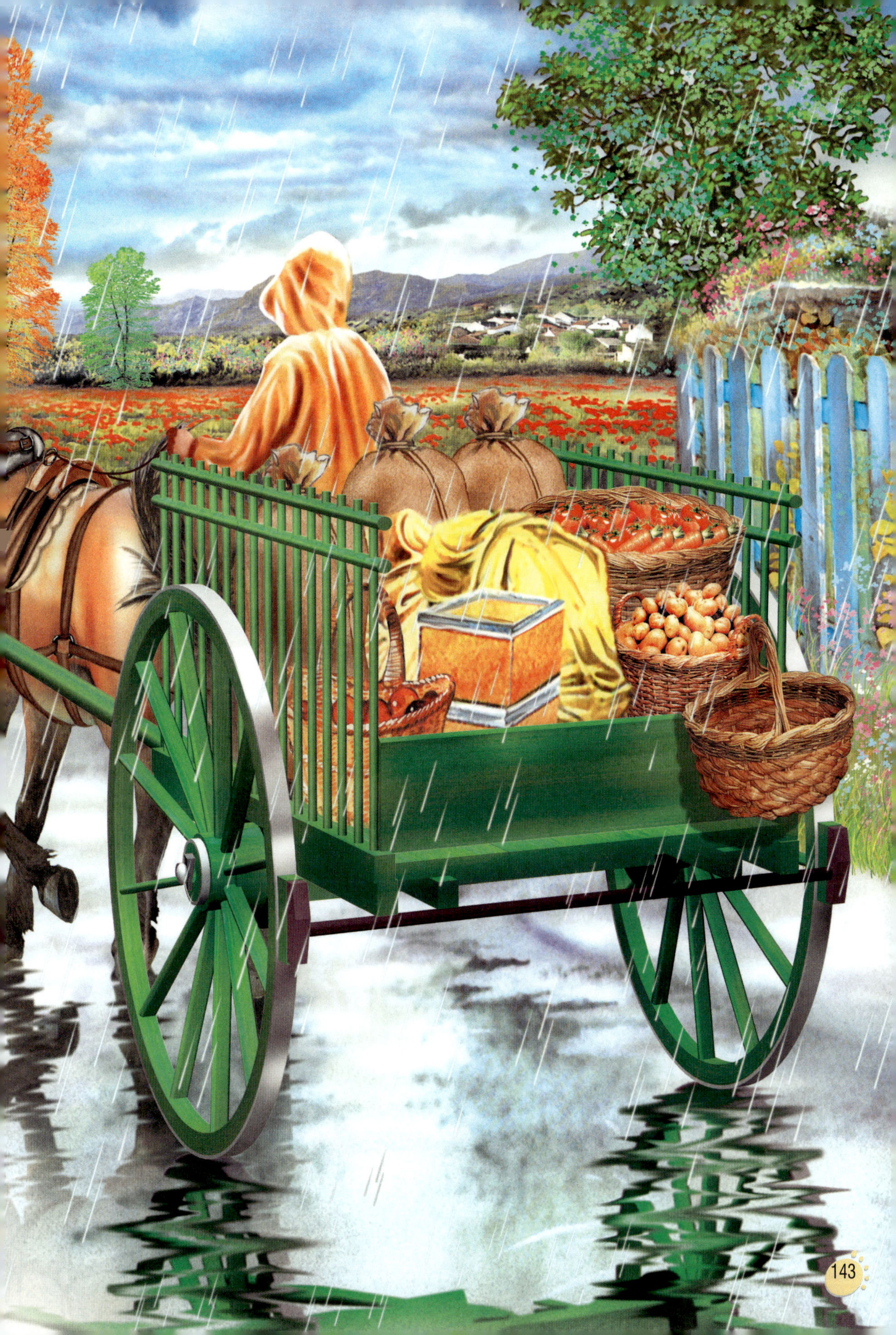

144

Korzyści z lasu. Oczyszczanie lasów ze starych pni i gałęzi zapobiega pożarom, które często wybuchają podczas lata.

Naprawa zepsutego ogrodzenia

Rąbanie drew

Gospodarstwo w zimie...

Zimą rolnicy wykonują prace, na które nie mają czasu przez resztę roku, kiedy cały dzień spędzają w polu.

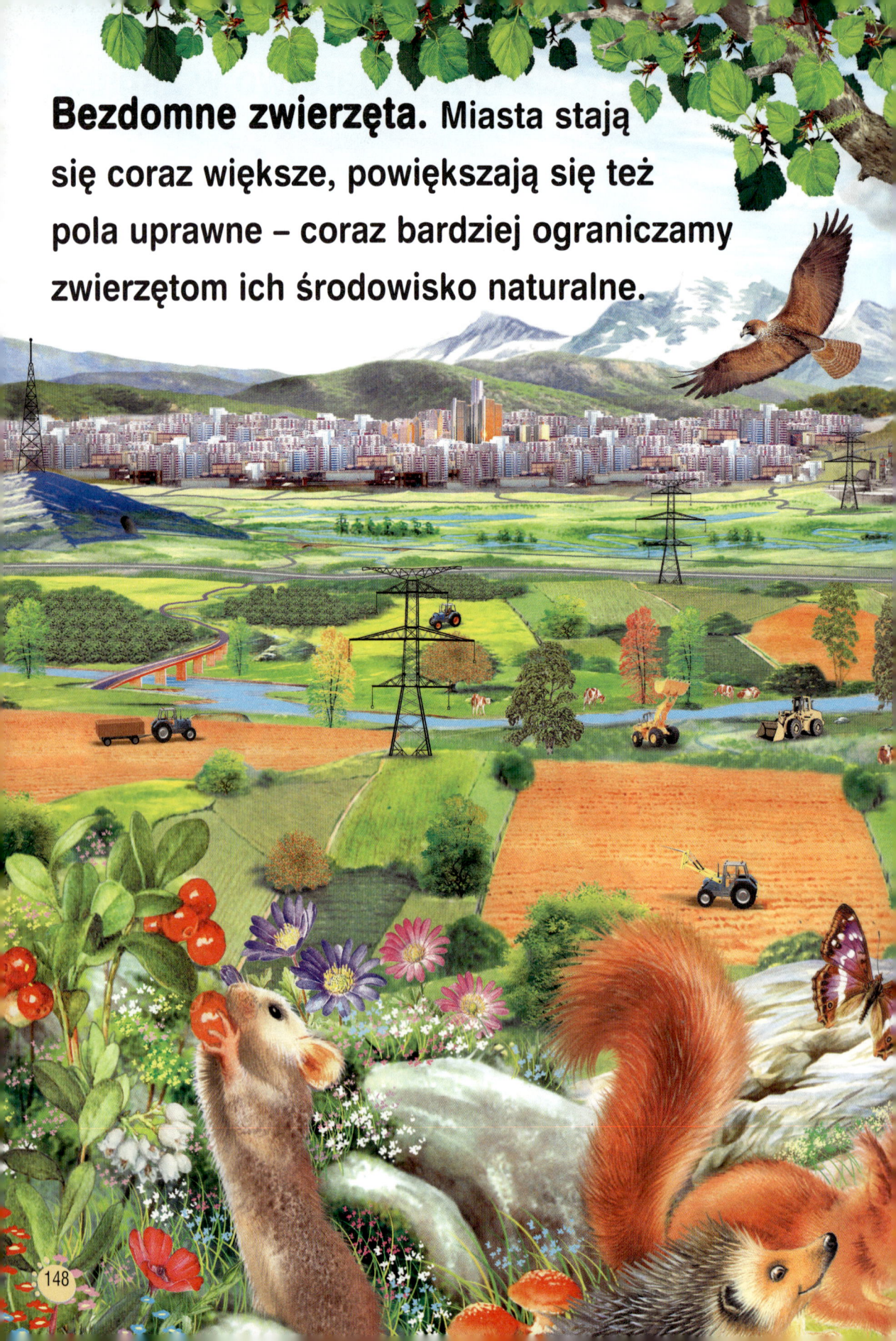

Bezdomne zwierzęta. Miasta stają się coraz większe, powiększają się też pola uprawne – coraz bardziej ograniczamy zwierzętom ich środowisko naturalne.

149

Ochrona upraw. Rolnicy chronią pola przed okolicznym ptactwem. Nie zawsze im się to udaje.

Bardzo pomysłowe są plastikowe wstążki, poruszające się na wietrze.

Muzyka z głośników odstrasza ptaki. Często też zbiory ochrania się siatkami z plastiku lub metalu.

Na polach ustawia się strachy na wróble, aby odstraszały ptaki, które wydziobują nasiona. Ten strach niezbyt wiele tu zdziałał!

Pestycydy. Środki ochrony roślin są bardzo trujące.

Pestycydy osadzają się na roślinach i wsiąkają w glebę...

...dostają się do wód gruntowych, a następnie do rzek...

...rzeki wpadają do morza, woda morska paruje i w postaci chmur wraca nad ląd, by... oddać nam pestycydy w formie deszczu.

Klęski żywiołowe!

Grad niszczy liście i owoce na plantacjach

Przymrozki mogą zniszczyć nawet całe zbiory

Efekt długotrwałej suszy

Gdy wyleje rzeka, pozostaje jedynie nadzieja, że woda nie powyrywa roślin z korzeniami

Uprawy niszczą również pożary i plagi

Plagi to wielki problem rolnictwa. Mogą spowodować ogromne spustoszenie w zbiorach. Najczęstsze są plagi: szarańczy, gryzoni i ptaków...

Stada ptaków mogą spustoszyć całe pola

Biedronki są wielkim sprzymierzeńcem człowieka w walce z mszycami

Orły i sowy polują na myszy polne i nornice, które niszczą plony.

Nie wszystkie produkty rolne rosną na otwartej przestrzeni.

Pieczarki hoduje się w ciemnych i wilgotnych pomieszczeniach, do których nie docierają promienie słoneczne.

Zebrane pieczarki umieszcza się w skrzyniach, w których jadą do sklepów lub do przetwórni.

Szklarnie umożliwiają roślinom dostęp do światła i świeżego powietrza. Pozwalają też na utrzymywanie stałej temperatury.

Plastikowe płachty chronią uprawy przed przymrozkami

Mikroklimat. Aby niektóre zwierzęta tropikalne mogły żyć w chłodniejszym klimacie, tworzy się dla nich sztuczne środowiska.

161

162

Gatunki owoców.

Istnieje bardzo wiele gatunków owoców. Czy potrafisz je nazwać?

Drzewa owocowe. Jabłonie są uważane za jedne z najstarszych drzew owocowych. Uprawia się je na całym świecie. Spójrzcie! Ile zabawy jest przy zbieraniu jabłek!

165

Przetwory. Ludzie bardzo dawno temu nauczyli się konserwować owoce, tak aby przez cały rok nadawały się do zjedzenia.

Techniki konserwowania żywności rozwinęły się do tego stopnia, że potrafimy zakonserwować prawie każdy produkt, zarówno pochodzenia roślinnego, jak i zwierzęcego.

Owoce gotuje się w wodzie z syropem lub miodem.

Chcesz wiedzieć, jak rosną truskawki? Najpierw roślina kwitnie.

Kiedy kwiat przekwitnie, jego środek zamienia się w truskawkę.

Truskawka dojrzewa...

...i już jest gotowa do zjedzenia!

Kakao, herbata, kawa. Czekoladę otrzymuje się z ziaren, które znajdują się w owocach kakaowca.

Ziarna kawy otrzymuje się z dojrzałych owoców. Czy wiesz, że kawa pochodzi z Arabii?

Herbata może być zielona, czarna, aromatyzowana, z owocami. To najczęściej spożywany napój na świecie. Herbata jest rośliną wiecznie zieloną.

Herbata najwyższej jakości produkowana jest z pąków młodych listków, rosnących na końcach gałązek.

Pszczelarze stawiają ule, aby pszczoły mogły produkować w nich miód oraz wosk, z którego robi się świece.

Pszczoły i miód. Pszczoły zbierają nektar z kwiatów i przekształcają go w miód. Te owady wykonują bardzo pożyteczną pracę, ponieważ przy okazji zbierania nektaru zapylają kwiaty.

Pszczelarstwo. Ten zawód jest bardzo stary. Praca pszczelarza polega na hodowaniu pszczół w celu uzyskiwania miodu. Kiedyś jako uli używano koszy lub beczek.

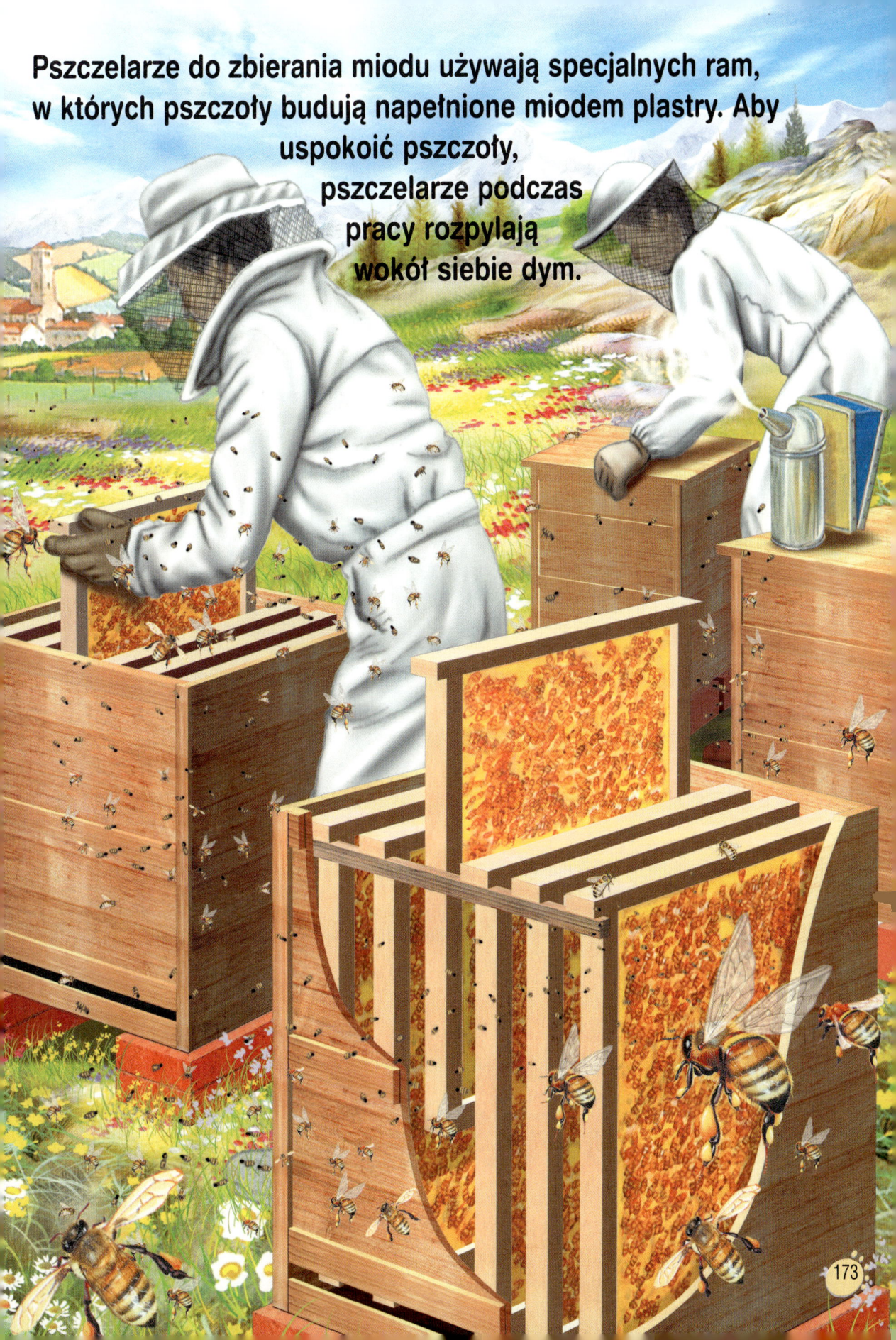

Pszczelarze do zbierania miodu używają specjalnych ram, w których pszczoły budują napełnione miodem plastry. Aby uspokoić pszczoły, pszczelarze podczas pracy rozpylają wokół siebie dym.